NOTICE

SUR

MADAME VALMONT

A. M. D. G.

« Votre Volonté, ô mon Dieu! »

ROUEN

IMPRIMERIE E. MARGUERY ET Cie

4, RUE MOITEUSE, 4

1889

PRÉFACE

Les quelques pages qu'on va lire ne sont point destinées au public; elles ont été écrites dans le seul but de conserver au sein de sa famille la mémoire d'une personne aimée, qui fut une fille respectueuse, une sœur vigilante, une épouse dévouée et une mère chrétienne.

Ce sera après l'avoir considérée sous ces différents points de vue que nous la verrons terminer sa longue carrière avec la résignation d'une âme toute à Dieu et la ferveur d'une sainte.

Cette vie se passa dans l'obscurité d'une position honorable, mais simple et modeste. Elle prouve qu'il est plus facile qu'on ne le pense de travailler dans le monde à sa sanctification, et ce simple récit sera, pour les nombreux enfants de cette pieuse mère, le plus vif stimulant qui puisse leur être donné pour les aider à reproduire en eux ce beau et cher modèle.

Caudebec, 4 Avril 1889.

A. M. D. G.

NOTICE

SUR

MADAME VALMONT

Marie-Adèle Dalmenesche naquit à Caudebec-en-Caux, le 30 août 1800, de Pierre Dalmenesche, pharmacien dans ladite ville, et de Marguerite Vottier, son épouse.

Mme Dalmenesche était bien la femme forte dont parlent nos Livres Saints. Elle sut imprimer dans le cœur de sa fille les sentiments de piété qui l'animaient : elle lui fit comprendre de bonne heure que le véritable amour de Dieu ne se trouve que dans l'accomplissement du devoir.

Docile aux enseignements de sa mère, Adèle n'eut toute sa vie qu'un but : Accomplir la Volonté de Dieu. On la vit toujours adorer cette Volonté sainte, s'y soumettre, la faire révérer de ses enfants et surtout la leur faire aimer. C'est le secret de la perfection des Saints, ce fut aussi celui de la vertu de cette âme privilégiée et de la paix inaltérable dont elle jouit durant sa longue carrière.

Dès sa plus tendre enfance, elle fut confiée aux Religieuses de la Congrégation de Notre-Dame de Caudebec. Après sa première communion, elle fut envoyée à Rouen, chez une de ses tantes, dont le mari, M. Dalmenesche, était pharmacien (place de la Croix-de-Pierre). Adèle allait tous les jours chez les Dames Ursulines de la rue Morand, où elle était admise comme demi-pensionnaire. Là, de même que dans son cher couvent de Caudebec, elle se montra pieuse, aimable, docile. Ses maîtresses surent bientôt apprécier ses nombreuses qualités et ne craignirent pas de lui donner plusieurs missions de confiance qu'Adèle remplissait à la satisfaction de tous, car elle était aimée et estimée de ses compagnes.

Son souvenir laissa dans leur mémoire de douces et profondes traces, que le temps ni l'éloignement ne purent effacer. C'est ainsi que, malgré plus d'un demi-siècle de séparation, une des élèves qui ont fait la gloire du pensionnat de la rue Morand, Mme de Chandoisel de Caumont, dame aussi distinguée par son mérite et sa piété que par sa position sociale, reconnut un jour chez son fils celle qu'autrefois on ne désignait chez les Ursulines que sous le nom de *la bonne Adèle*. La rencontre fut un moment de joie pour ces deux âmes si dignes l'une de l'autre. Mme de Caumont témoigna tant de bonheur de retrouver son amie d'enfance que M. de Caumont, son fils, heureux de la félicité de sa mère et charmé du mérite et de la dignité de Mme Valmont, se faisait une fête de favoriser leurs entrevues en les réunissant à sa table, lorsqu'il recevait la visite de sa mère.

Mais n'anticipons pas sur les événements. Trois années s'étaient écoulées pour la jeune Adèle dans le saint asile de la piété. Jusque-là, elle n'avait connu que les douces joies d'une bonne conscience et celles non moins pures de la famille. Un accident survenu à sa mère obligea celle-ci à la rappeler auprès d'elle. L'heure était venue où la jeune fille, encore dans l'adolescence, allait commencer sa vie de dévoûment et de sacrifices.

A la suite d'un coup reçu au sein, il survint à Mme Dalmenesche (mère de la jeune Adèle), un cancer qui fut quatre ans à se former Dès le principe, elle ne se fit pas illusion, elle comprit la gravité de son mal Entièrement dévouée à son mari et à ses enfants, comme elle l'était à Dieu, elle rappela auprès d'elle sa fille aînée pour la former peu à peu aux affaires et aux devoirs de la famille. Mme Dalmenesche était l'âme de la pharmacie : elle tenait les registres, veillait à tout, répondait à tous, et les clients avaient en elle la plus grande confiance. Comment initier une enfant de quatorze ans à un pareil labeur? Mais cette enfant, touchée de l'état de souffrance de sa mère bien-aimée, désireuse de la soulager et de lui épargner toute fatigue, sut trouver dans son cœur l'énergie nécessaire pour remplir son devoir.

Le mal faisait de rapides progrès. Mme Dalmenesche, comprenant qu'elle devait se conserver à son mari et à ses enfants, prit la courageuse résolution d'aller à Paris se faire soigner. Elle subit une opération qui réussit d'abord, revint dans sa famille, et avec elle reparurent au foyer l'espérance et la joie. Mais le bonheur constant n'est pas de ce monde. Dieu le permet ainsi pour nous détacher de la terre, et élever nos pensées vers le ciel. Un enfant atteint de convulsions avait été amené à la pharmacie. Mme Dalmenesche, s'approchant pour lui donner des soins, en reçut un coup qui rouvrit la plaie à peine cicatrisée. Depuis ce jour le mal augmenta. Bientôt la pauvre malade ne quitta plus sa chambre. Qui la soigna?... Adèle, sa chère Adèle, qu'elle n'appela jamais que son ange ou sa bonne Adèle. La courageuse enfant avait un culte pour sa mère, qui, du reste, le méritait bien ; la nuit, le jour, elle ne la quitta plus. Se dévouer, se dépenser pour elle, lui procurer quelque soulagement, fut sa constante étude, et la mère, touchée de tant de courage et de tant d'amour, donnait à Adèle la seule récompense qu'elle enviât : ses bénédictions, qui lui furent si chères et que, plus tard, elle légua à ses enfants comme le bien le plus précieux qu'elle pût leur donner.

La plaie s'élargissait chaque jour et laissait une odeur nauséabonde qui fatiguait beaucoup la pauvre malade et sa jeune infirmière : mais celle-ci, dont l'odorat fut des plus délicats, ne laissa jamais paraître ce qu'elle eut à souffrir sous ce rapport, et, sans montrer aucune répugnance, elle faisait des pansements souvent répétés et toujours des plus pénibles.

Si, pendant la nuit, la malade demandait un peu de cidre, Adèle aussitôt, surmontant sa peur naturelle, s'armait du signe de la croix, courait à la cave, située au fond d'une cour, y pénétrait toute tremblante, mais se disant : « Que peut-il m'arriver avec la bénédiction de ma mère? » Elle rentrait et recevait sa récompense habituelle dans ces mots si chrétiens que lui disait la pieuse malade pour remplacer le merci ordinaire : « *Que Dieu te bénisse, mon enfant!* »

Enfin, le moment suprême arriva ; le cœur d'Adèle fut brisé. Sa mère était tout pour elle et elle lui était ravie !...

La pauvre enfant tout éplorée se jeta aux pieds d'une statue de la Sainte-Vierge, la suppliant de lui remplacer désormais celle qui n'était plus. Puis, essuyant ses larmes, elle refoula son chagrin pour consoler son père. Elle se mit à la tête de la maison et, quoique âgée de quinze ans seulement, elle se fit la mère de sa sœur et de ses frères. Louis, surtout, enfant de neuf ans, reçut d'elle les soins les plus empressés. Ce pauvre petit aimait beaucoup sa mère ; on l'avait vu, alors que la maladie la retenait dans sa chambre, on l'avait vu passer des heures entières assis sur un tabouret aux pieds de cette bonne mère et de sa sœur, faisant de la charpie qu'il fallait en quantité pour remplir la cavité profonde qu'avait creusée le mal. Il reporta sur Adèle son filial amour, et il trouva en cette sœur la tendresse de la mère qu'il avait perdue. Elle s'appliqua à former son cœur à la vertu et mit tous ses soins à le préparer au grand acte de sa première communion.

Adèle avait pris la place de Mme Dalmenesche à la pharmacie. C'était la même assiduité, le même air gracieux et aimable, avec peut-être un peu plus de sérieux que nécessitait, en effet, l'âge de la jeune fille. Elle était le bras droit de son père qui ne pouvait s'en passer un instant : aussi ne sortait-elle que pour aller à l'église, où elle retrempait près de son Dieu l'énergie de son mâle courage.

M. Isidore Valmont, docteur en médecine, ayant entendu parler des demoiselles Dalmenesche, se présenta chez leur père afin de les connaître. Il aperçut la plus jeune, Zélie, charmante, vive, gracieuse. Elle lui plût et le mariage s'accomplit. Ce fut dans cette circonstance qu'Adèle fit la rencontre de M Félix Valmont, frère cadet de l'époux de Zélie, qui ne l'eût pas plus tôt connue qu'à son tour il demanda sa main. M. Dalmenesche eût bien de la peine à céder sa bonne Adèle, mais ne voulant pas s'opposer à ce qui paraissait devoir être le bonheur de sa fille, il accepta M. Valmont pour son gendre. Ce second mariage eût lieu le 22 avril 1822, à minuit, selon la coutume de ce temps-là.

M. Félix Valmont n'était pas encore reçu pharmacien lorsque Adèle l'épousa, ce qui imposa à la jeune femme un double sacrifice, car elle dut se séparer, non-seulement de son père, mais encore de son mari, qui alla finir ses études à la Capitale. Pendant ce temps, Adèle résida à Déville, chez son beau-père, docteur-médecin. Ce fut là qu'elle mit au monde son premier-né, Gustave. La joie qu'apporta la naissance de cet enfant ne fut point sans mélange. La jeune mère se trouvait bien seule : elle n'avait pour la soigner que la servante de son beau-père, de laquelle elle eut beaucoup à souffrir. Au moment de la naissance de ce premier enfant, la douleur arrachant quelques plaintes à la pauvre patiente, cette femme, loin de l'encourager, lui disait : « Vous gémissez! Ah! bien, ce n'est rien, ça! Vous en verrez bien d'autres! » Mme Valmont répéta souvent que le bon Dieu avait permis ces brusqueries pour lui apprendre à ne pas se plaindre, et que, par là, cette femme lui avait véritablement rendu service. C'est ainsi que la charité lui fit trouver dans son cœur des actions de grâces où beaucoup d'autres n'auraient peut-être éprouvé que des sentiments d'aversion ou au moins de mécontentement.

Le jour arriva enfin où M. Valmont fut reçu pharmacien. Ce fut une grande joie pour Félix et pour Adèle. Selon les conventions faites lors de leur mariage, les jeunes époux vinrent succéder à M. Dalmenesche, qui leur laissa sa pharmacie pour aller en fonder une moins importante à Guerbaville. Quelques années après, il vendit ce nouveau fonds et revint à Caudebec demeurer définitivement chez sa fille. Adèle était heureuse à la pensée d'être près de son père, mais sa joie fut de courte durée. Cette présence, qui semblait mettre le comble à sa félicité, fut pour elle un sujet de peines souvent renouvelées! Le beau-père aurait voulu voir les choses continuées comme de son temps: oubliant le rôle neutre qu'il devait garder, il faisait parfois des observations à son gendre Celui-ci avait l'amour de son état. S'il faisait divers changements, ce n'était que pour un plus grand bien, cherchant par ces améliorations à augmenter sa clientèle déjà nombreuse; aussi on comprend que les remontrances de M. Dalmenesche lui fussent assez difficiles à supporter, et de là naissaient des froideurs ou de petites vivacités qui faisaient souffrir le cœur d'Adèle. Elle eût voulu à tout prix la paix et le bonheur de tous, et pour cela on la voyait tour à tour près de son mari, le calmant, l'encourageant, puis près de son père, excusant son mari, réclamant l'indulgence. Sa tâche était difficile, surtout quand on pense que ce combat dura plus de vingt ans !

Adèle, nous l'avons dit, fut une épouse dévouée. Toujours prévenante, attentive, elle était de la plus prompte obéissance envers son mari. En cela, comme en tout ce qu'elle faisait, elle agissait par un motif de foi. « J'obéis joyeusement à mon mari, disait-elle, par respect pour le bon Dieu dont il tient la place. »

Si M. Félix Valmont avait un caractère assez vif, il avait aussi de grandes qualités. Il apprécia sa digne compagne, la respecta et l'aima toujours. Depuis longtemps il était éloigné des Sacrements, c'était un chagrin pour sa pieuse femme. Elle pria, pleura et fit tant près de Dieu, qu'en 1849, ce cher mari, voyant mourir un grand nombre de personnes atteintes du choléra, craignit d'être enlevé, lui aussi, par cette terrible maladie. Il alla trouver le chapelain de l'hospice et se confessa. Deux jours après, il s'approchait de la Sainte-Table et revenait sincèrement à la pratique de la Religion. M. Valmont fit de tels progrès dans la piété que, plus tard, retiré des affaires, il ne se contentait pas de communier à la seule fête de Pâques, mais plusieurs fois l'an. Il récitait son chapelet tous les jours, lisait ou se faisait lire chaque soir quelques pages d'un livre de piété, faisait lui-même la prière à haute voix ; s'associa à la confrérie du Rosaire, à l'archiconfrérie de Saint-Joseph, reçut le scapulaire et établit à Caudebec, non sans peine, le pain bénit des jeunes filles en l'honneur de la Sainte-Vierge, afin de procurer quelques ressources à la Fabrique, dont il fut membre pendant plus de quarante ans.

Nous avons vu Adèle fille respectueuse, sœur vigilante, épouse dévouée : nous allons la voir mère chrétienne et résignée.

Mme Valmont devint cinq fois mère et, malgré ses occupations, elle nourrit tous ses enfants, sauf Célina, sa dernière née, qui, pour cette raison, fut toujours le *Benjamin* de la famille. Sa mère fut obligée de la sevrer au bout de quelques mois, à cause d'un mal au sein dont elle souffrit beaucoup et longtemps.

Au milieu de ses nombreux travaux, Adèle trouvait toujours le temps de s'occuper de son petit monde. Elle ne remettait ses enfants entre les mains de la bonne qui en était chargée qu'après leur avoir donné elle-même les plus minutieux soins de propreté. Devenus un peu plus grands, ils venaient chaque jour prendre place sur une petite chaise, et là, pendant que leurs longs cheveux glissaient sous les doigts de leur mère, ils devaient, chacun à leur tour, lire un passage de l'*Imitation de Jésus-Christ*. Elle les formait à l'ordre, entretenait entre eux la bonne intelligence. Lorsque l'un d'eux avait failli, sa mère, avant de le punir ou au lieu de le punir, selon le cas, lui faisait lire l'histoire d'un enfant tombé dans le même défaut. Il voyait la laideur de la faute qu'il avait commise, le moyen de la réparer et de s'en corriger. C'était surtout dans les œuvres de Berquin que Mme Valmont trouvait les sujets d'histoire propres à l'âge de ses jeunes enfants. Elle leur citait aussi fréquemment quelques-unes des sentences du bonhomme Richard. Si elle voyait l'un d'eux prêt à s'emporter, elle lui disait :

« A quoi bon quereller pour une bagatelle ?
« Céder est plus prudent et sauve une querelle. »

Si des objets étaient en désordre :

« Combien l'oubli de l'ordre engendra de malheurs !
« Qu'il ruina de gens ! Qu'il fit couler de pleurs ! »

Si c'était d'une bonne journée dont elle avait à féliciter : « Une bonne conscience, disait-elle, est un oreiller bien doux. » Elle avait horreur du mensonge et ne pardonnait que lorsqu'on reconnaissait sa faute.

C'est ainsi que cette sage mère procédait avec ses enfants. Mais qu'on ne croie pas que cette manière d'agir fût molle et qu'elle se contentât de paroles douces et affectueuses. Quand il le fallait, elle était ferme. Ses enfants le savaient, aussi n'osaient-ils pas lui désobéir, encore moins lui parler d'une manière peu convenable, et jusqu'à l'âge le plus avancé,

Mme Valmont en reçut constamment les marques d'un respect profond, uni aux attentions les plus délicates.

Pour préserver ses enfants de l'oisiveté, Mme Valmont avait fait un règlement qui partageait le temps de la journée de manière à les occuper sans les fatiguer. Ce règlement était placé dans leur chambre, tous devaient y être fidèles.

Elle-même leur donnait l'exemple de l'assiduité au travail. Sans cesse on la voyait occupée de ses devoirs de mère, d'épouse ou de maîtresse de maison. Toujours la première levée, elle prolongeait souvent ses veilles jusqu'à minuit, réglant sa comptabilité, mettant en ordre les vêtements de son cher petit monde. Jamais la surveillance de sa maison ne lui fit négliger ses devoirs religieux. Chaque jour, elle faisait elle-même la prière en commun, au milieu de tous ses enfants, et le soir elle y ajoutait un *De profundis* pour sa mère, pieuse pratique qu'elle accomplit fidèlement toute sa vie. Avant de prendre son repos, elle lisait l'Évangile du jour, puisant dans ce livre divin la nourriture spirituelle qui soutenait son âme au milieu de ses labeurs.

Elle faisait observer l'abstinence du Carême à tout le personnel de sa maison, lorsque la santé ne s'y opposait pas. Elle leur en donnait elle-même l'exemple. Tant que ses forces le lui permirent, elle fit maigre et jeûna pendant le Carême entier ; lorsque son estomac, naturellement faible, réclamait trop fortement, elle prenait un peu de tisane amère.

Pour habituer ses enfants à entrer dans l'esprit de l'Eglise durant ce saint temps, elle ne leur donnait que du pain sec, le matin après leur soupe, et aussi pour leur goûter.

Elle ne souffrit jamais qu'aucun des employés de la maison manquât la sainte Messe le dimanche. Le samedi, les enfants devaient tout disposer afin d'être prêts à temps le lendemain pour les Offices. Avec quels soins, quelle vigilance, elle les prépara à leur première Communion ! Que de moyens ingénieux sa piété lui suggérait pour les exciter à corriger leurs défauts et à préparer une belle demeure au divin Jésus ! Lorsque, dans la suite, ils devaient s'approcher de nouveau de la table sainte, elle leur rappelait la grandeur de la grâce qu'ils allaient recevoir et exigeait des efforts généreux.

Elle leur apprenait à sanctifier leurs peines en les offrant au bon Dieu, et souvent on l'entendit répéter : « Mon Dieu, que vous êtes bon de me permettre de vous offrir mes peines! »

Comment, avec de tels principes, n'aurait-elle pas fait de ses enfants des chrétiens, et des chrétiens fervents? Son fils, son cher Gustave, cet enfant privilégié de son cœur (si toutefois elle eût des privilèges), profita si bien des leçons de sa pieuse mère qu'il devint le plus édifiant jeune homme qu'on pût rencontrer.

Placé d'abord au Petit-Séminaire de Rouen, Gustave en fut retiré pour se préparer plus directement au baccalauréat. Il entra dans une institution où la science seule était tout La foi du pauvre enfant y courut les plus grands dangers; mais grâce aux principes religieux dont son âme était nourrie depuis sa plus tendre enfance, il sut courageusement supporter les railleries et même les mauvais traitements de ses condisciples. Nous ne donnerons que deux exemples de la force de sa vertu.

Dans cette pension, les jours d'abstinence n'étaient pas observés; l'enfant voulut y demeurer fidèle. Ses camarades se moquèrent de lui d'abord, puis des railleries ils vinrent aux faits. Ils prirent de la viande et, se jetant sur leur nouveau compagnon, ils en graissèrent ses vêtements, lui en barbouillèrent la bouche, disant : « Ah! tu ne veux pas en manger de bonne volonté, et bien tu en goûteras de force. »

Ils l'appelaient le dévôt et s'avisèrent un jour d'attacher sur le dos de son habit un crucifix de cuivre, que sa sœur religieuse conserve précieusement. Le pauvre enfant se promenait ainsi, cherchant en vain la cause de l'hilarité de ses condisciples, jusqu'à ce qu'un professeur, avertissant Gustave, lui remît la sainte image.

Son père ne voulut point le changer de pension pour ne pas retarder ses études. L'enfant se consolait près de sa pieuse mère; chaque semaine, il lui écrivait régulièrement, et, en retour, il en recevait d'encourageantes paroles, toutes brûlantes d'amour pour Dieu et de tendresse pour lui.

Dieu le récompensa de sa générosité à son service et de sa

piété filiale, en montrant une fois de plus que la Religion est bonne à tous et ne nuit à personne : Gustave fut reçu pharmacien de première classe aux examens de Paris. Est-il nécessaire de dire qu'il conserva toujours pour sa digne mère la plus tendre reconnaissance et le plus respectueux amour?

Gustave avait une belle voix, et des amis et des connaissances l'engageaient sérieusement à se faire entendre à l'Opéra, ce qui lui eût valu de forts appointements sans nuire à ses études. Sa mère lui conseilla de ne pas accepter la proposition qui lui en était faite: mais il n'était pas besoin de le presser à ce sujet : Sa foi lui défendait l'entrée de ces lieux, où sa vertu aurait été en danger. C'est pour la même raison qu'il refusa souvent des billets pour le théâtre, que des amis lui offraient: il renonça même à une augmentation d'honoraires pour conserver la liberté d'entendre une messe basse le dimanche.

Avec de telles dispositions à la piété, comment ce jeune homme n'entra-t-il pas dans la carrière ecclésiastique? Son père le désirait, lui-même y pensait; mais son confesseur, lui trouvant un cœur trop aimant, l'en détourna, et, ce qui prouve une fois de plus la sagesse de sa mère, c'est que, malgré son désir de voir son fils se consacrer tout entier au service de Dieu, elle fut la première à l'engager à se soumettre à la Volonté divine et à distraire son mari de cette pensée qui le charmait.

En parlant si longuement de M. Gustave Valmont, il semble que nous soyons sortis de notre sujet: mais faire l'éloge du fils, n'est-ce pas faire celui de sa mère?

Jusqu'à présent, Mme Valmont n'a point connu la plus amère douleur que puisse ressentir un cœur maternel : ce calice lui sera présenté. La croix est féconde, et l'amour se perfectionne dans la souffrance; aussi ne serons-nous pas surpris de voir cette âme monter de vertu en vertu.

Le premier sacrifice que Dieu demanda à M. et Mme Valmont fut celui de leur deuxième fille, Alphonsine. Bien jeune encore, à neuf ans, elle avait entendu l'appel divin; elle attendit jusqu'à sa dix-septième année avant d'en parler à ses parents. A la première ouverture qu'elle en fit, son père lui protesta que ce serait sa mort et lui défendit de l'en entretenir davantage. Désolée, elle se retira près de sa mère, qui essaya de la consoler, en lui disant d'attendre qu'elle ait vingt-et-un ans, et qu'alors elle l'aiderait dans une nouvelle démarche. Ce délai semblait trop long à la jeune fille ; elle se résigna pourtant, mais le chagrin lui occasionna une fièvre cérébrale et ses jours furent en danger. Camille, sa sœur aînée, qui eût toujours une certaine influence sur son père, lui dit : « Papa, nous ne voulons pas donner Alphonsine au bon Dieu dans le couvent ; mais ne va-t-il pas la prendre avec Lui au Ciel ? » Ces paroles firent une telle impression sur ce bon père qu'il répondit : « Assure ta sœur qu'aussitôt qu'elle sera guérie, je la laisserai libre de se faire religieuse. » Cette promesse rendit la santé à la jeune malade et, sa convalescence terminée, elle entra en qualité de postulante chez les Religieuses de la Congrégation de Notre-Dame, à Caudebec. Ce fut Mme Valmont qui conduisit elle-même sa fille au couvent, et nous la verrons, vingt-cinq ans plus tard, amener de même une des enfants de sa chère Camille, Marie Védie, nommée en religion sœur Saint-Louis de Gonzague. Cette dernière se rappelle avec quelle émotion sa chère bonne maman la bénit au moment de quitter le parloir, avec quel accent de piété elle lui dit : « Je te bénis, ma chère enfant, et je demande au bon Dieu de tout mon cœur que ce soit pour sa gloire et pour ton bonheur qu'Il t'amène ici, et que tu y fasses tout le bien que tu pourras. »

La mère chrétienne eût à consoler son mari, que l'éloignement d'Alphonsine avait affligé. Quand, l'année suivante, la postulante prit l'habit de religion, M. Valmont ne voulut point assister à la cérémonie et resta pendant huit jours enfermé dans sa chambre. Il avait consenti cependant à la vêture de sa fille ; il avait préparé lui-même le carton destiné à recevoir le voile religieux de celle qu'on ne connut plus désormais que sous le nom de sœur Saint-Alphonse, et, sur ce carton, il avait écrit : « Pensez à votre père et priez toujours pour lui ! »

C'est qu'il savait le prix du trésor que Dieu lui demandait : son cœur luttait avec sa foi.

Ce sacrifice n'était que le prélude de beaucoup d'autres plus douloureux encore.

M. Dalmenesche habitait, comme nous l'avons dit, chez ses enfants. Il était assis un soir près du feu, lorsque, tout à coup, il s'écria : « Oh! quel coup à la tête! » C'était une attaque d'apoplexie, et le vieillard ne pratiquait pas! Quelles angoisses pour sa fille! Le prêtre, appelé en toute hâte, donna l'absolution et l'extrême-onction au malade, qui mourut le lendemain matin, sans avoir recouvré sa connaissance. Quelle douleur pour le cœur si chrétien d'Adèle! Elle voulut espérer contre toute espérance : son père allait à la messe chaque dimanche, et *le bon Dieu est si bon!*

Camille, sa fille aînée, dont nous n'avons pas à faire ici l'éloge, car nous ne devons pas parler des vivants, épousa, en 1850, M. Védie. Elle restait à Caudebec. Ce fut un bonheur pour ses bien-aimés parents. Ils dirent n'avoir jamais trouvé que de la consolation dans cette aimable et douce enfant, véritable ange de leur foyer, qui ne cessa, avant comme après son mariage, de les entourer du plus tendre amour et du dévoùment le plus généreux.

Augustine, leur troisième fille, s'unit en 1854 à M. Lepersonnier, pharmacien à Maromme, et Célina, la dernière de leurs enfants, épousa, en 1859, M. Lallouette qui, étant pharmacien, succéda à son beau-père.

M. et Mme Valmont quittèrent donc cette pharmacie, où ils avaient passé de si longues années, pour se retirer dans une maison située derrière l'église. Ce changement de position devait, il semble, amener quelque repos à cette mère de famille qui, jusqu'alors, n'avait connu que le travail; mais, peu de temps après cette retraite, elle eût à faire les sacrifices les plus déchirants pour son cœur de mère.

En 1860, son Augustine, cette jeune femme si pieuse et si aimante, se trouva, après des couches malheureuses, dans un tel état de faiblesse et d'épuisement, qu'on crut devoir la ramener à Caudebec, espérant que l'air natal l'aiderait à se remettre. Hélas! il n'en fut rien. Cette âme était mûre pour le Ciel. On a un petit cahier sur lequel elle marquait le nombre de ses communions, et nous voyons : en 1851 167 communions, 223 en 1852, 220 en 1853, 146 en 1854 (l'année n'était pas terminée), et au bas de ces pages, que sa mère continuera, elle écrit, cette pauvre mère : « Souvenir précieux de la piété de notre chère enfant »

Oui, elle était pieuse la douce Augustine. Sa belle âme avait, à l'école de sa sainte mère, appris à aimer son Dieu à tel point, que cette pensée : *Dieu m'a aimée de toute éternité*, la remplissait d'un sentiment profond d'amour et de reconnaissance, et, pendant un temps assez long, elle paraissait hors d'elle-même.

La perte de cette fille chérie, âgée de vingt-huit ans à peine, fut un coup des plus pénibles pour ses parents (elle laissait deux petits garçons, dont l'un alla bientôt la rejoindre). Aucun murmure ne s'échappa des lèvres de sa pieuse mère, loin de là ; nous retrouvons les notes suivantes, écrites au lendemain de ces tristes jours :

« Fille chérie, bonne Augustine, je crois fermement que notre Dieu Sauveur t'a retirée de ce monde pour te faire jouir du bonheur éternel. Ainsi soit-il. »

Puis, à la page suivante :

« *Prie pour nous, bonne, chère enfant, pour qu'à ton exemple nous servions notre divin Sauveur avec zèle, avec amour, avec la plus vive reconnaissance, afin que nous puissions avec toi le glorifier, le bénir pendant l'Éternité !*

« *Ta mère qui ne t'oubliera jamais,*

« Ale-Fx Valmont. »

Cette mort devança de quelques années celle de son fils.

Etant pharmacien à Barentin, M. Gustave Valmont avait épousé Mlle Virginie Mauger, dont il eut quatre enfants, trois filles et un fils, M. Félix Valmont, aujourd'hui docteur en médecine à Paris.

Gustave était resté ce que nous l'avons connu : pieux, bon,

chrétien exemplaire. Chaque jour, il faisait sa méditation, s'approchait souvent des Sacrements et se tenait toujours à l'église dans une attitude des plus recueillies.

Le monde, qui rit quelquefois de ceux qui ont le courage de leurs convictions, mais qui, au fond du cœur, les estime et les respecte, le monde reconnut bientôt les rares qualités de M. Gustave Valmont. Non-seulement il fut admiré, mais il fut aimé de tous ceux qui le connurent, et lorsqu'il mourut maire de Barentin, la consternation qui se répandit dans ce bourg montra bien que les habitants sentaient la perte qu'ils faisaient dans cet homme de bien, âgé seulement de quarante-deux ans.

La mort de ces deux enfants fut, pour le cœur aimant et sensible de Mme Adèle Valmont, le glaive qui le transperça, et dont la blessure fut trop profonde pour se guérir jamais ; aussi nous lisons dans le précieux petit cahier dont nous avons déjà extrait quelques passages : « Le 19 avril, nous partions pour soigner notre bien cher fils. Dieu a permis que je le soigne ; il en était bien reconnaissant, et c'est un souvenir bien doux pour moi. Que n'ai-je pu donner ma vie pour le conserver à ses chers enfants ! Votre Volonté, ô mon Dieu ! »

Elle ne dit pas, cette bonne mère, que dans ces veilles près de son fils, elle contracta la terrible maladie dont il était atteint et fut si proche de la mort qu'on crut devoir lui administrer les derniers Sacrements.

Elle écrit encore : « Le 27 avril 1865, j'ai eu la douleur indicible de voir mourir mon cher fils, ce bon et bien-aimé Gustave, que la petite vérole nous a enlevé ; ce bon et bien cher enfant que j'aimais ! J'espère qu'il a trouvé grâce devant ce Dieu mille fois bon qui est venu le visiter ! »

Puis, sept ans après : « Le 27 avril 1872, septième anniversaire de la perte de notre bon Gustave. J'ai offert la sainte Communion pour lui. Oh ! oui, j'espère qu'il a trouvé grâce devant notre divin Sauveur, qu'il a toujours honoré et reçu avec une grande foi, surtout en faisant son Jubilé. — Espérance bien chère à mon cœur ! »

C'est ainsi que cette pauvre mère exhalait sa douleur,

mais dans des termes si chrétiens, qu'on ne peut être qu'édifié en les lisant.

Les peines qui affligèrent ses enfants trouvèrent toujours écho dans son cœur. Sa nombreuse famille de cinquante-deux enfants, petits-enfants et arrière petits-enfants, renouvela souvent l'amertume de son âme. Elle vit partir avant-elle onze de ces êtres bien-aimés ; mais ce qui mit le comble à sa douleur, ce fut la perte de son mari.

Le 28 mars 1882, M. Valmont, après avoir joui de l'estime publique (1), rendit doucement son âme à Dieu. Il avait eu le bonheur de communier le matin. Nous lisons : « J'ai perdu mon bon mari le 28 mars 1882. Il avait eu le bonheur de recevoir le bon Dieu quelques heures avant de partir pour l'Éternité. Oh ! merci, merci, mon Dieu ! »

Elle remerciait Dieu, la sainte femme, de ce qui était son ouvrage ; mais ce sentiment de la reconnaissance domina toujours tout autre sentiment dans son âme. Au milieu de ses peines, elle remerciait : comment ne l'aurait-elle pas fait lorsqu'elle était heureuse ?... Quelques années auparavant, elle avait écrit : « 1875. Je rends grâces à la divine Providence qui a daigné me conserver mon mari. Il avait passé la journée dans le jardin, jour où le mur s'est écroulé entièrement. Merci mille fois, mon Dieu, de votre bonté ! Que nous vous bénissions tous les jours ! »

Pendant les années qui s'écoulèrent au milieu de tant et de si tristes événements, Mme Valmont ne vécut plus que d'une vie véritablement intérieure. Laissant son mari conduire en promenade ses petites-filles, elle ne sortait que pour aller chez ses enfants et ne connaissait que ce chemin avec celui de l'église et du couvent, où sa plus grande consolation était de visiter sa fille religieuse. Avec elle, son cœur débordait d'amour pour son Dieu et de charité pour le prochain. Elle lui disait de quels soins l'entouraient ses enfants et sa fidèle Clémentine, bonne,

---

(1) Il avait été Directeur de l'Hospice de Caudebec et Adjoint au Maire de cette ville pendant quarante-sept ans.

qui, entrée à l'âge de quatorze ans au service de M. et de Mme Valmont, y resta pendant vingt-trois ans et eût pour eux le dévoûment le plus entier. Elle avait secondé sa chère maîtresse dans les soins pénibles donnés à une tante de cette dernière, Mme Dalmenesche, âgée de quatre-vingt-douze ans, que Mme Valmont avait accueillie avec la charité la plus désintéressée. La nièce, malgré ses soixante-dix ans, entourait des attentions les plus délicates la pauvre nonagénaire, bien que celle-ci ne fût plus en état d'en tenir compte.

Cette charité de Mme Valmont se faisait sentir, non-seulement par des générosités que son grand cœur poussait à l'excès, mais par une vigilance continuelle sur ses paroles. Nous ne croyons pas qu'on ait jamais eu à lui reprocher la plus légère médisance. Elle était sur ce point d'une sévérité extrême, ne souffrant jamais qu'on parlât devant elle d'une manière défavorable au prochain.

La dévotion de Mme Valmont parut s'accroître avec les années. Pendant ses prières, elle était profondément recueillie et ne pouvait supporter qu'on lui parlât dans l'église, tant était grand son respect pour le lieu saint.

Jusqu'à quatre-vingt-huit ans passés, on la vit assister à tous les Offices de la Paroisse, consacrant les restes de sa voix, autrefois si jolie, à chanter les louanges du Seigneur. Elle communiait encore chaque dimanche et plusieurs fois la semaine. Quand sa grande faiblesse ne lui permit que difficilement de rester à jeun, sa bonne Clémentine veilla quelques fois jusqu'à minuit pour lui faire prendre un bouillon avant cette heure, afin de la fortifier et de lui permettre de communier le lendemain.

Mme Valmont sanctifiait par cet acte, le plus saint de tous, les anniversaires chers à son cœur, comme la naissance, le mariage et la mort de ses enfants, grands et petits Nous trouvons ces anniversaires consignés sur le livre déjà mentionné, ainsi que beaucoup de dates, marqués sous le titre de jours heureux; jours sans doute où Dieu versait plus abondantes les consolations dans son âme. Sa belle écriture, bien conservée jusqu'à la fin, laisse à peine croire que c'est une personne proche de quatre-vingt-dix ans qui écrit ainsi.

Nous arrivons à la fin de cette sainte carrière.

Au mois de février 1889, Mme Valmont eût une bronchite dont elle se remit entièrement. Pendant sa maladie, elle conserva toujours sa présence d'esprit (sauf quelques instants où elle se croyait hors de sa maison, ce qui était une peine pour elle), et, comme toujours, elle eût pour ceux qui vinrent la visiter des mots aimables et pleins d'à-propos. Voyant son médecin constater sa guérison, elle lui dit en souriant : « Monsieur, vous êtes un vrai Conservateur, » faisant allusion au rétablissement de sa santé en même temps qu'au parti dont le médecin prenait vivement la cause.

Malgré ce mieux, on conseilla à Mme Valmont de garder la chambre, à cause de son âge avancé et de la mauvaise saison. Ses filles, Mme Védie et Mme Lallouette, ainsi que ses petites-filles habitant Caudebec, allaient la voir chaque jour. Mme Védie y passait la journée presque entière des dimanches, et, le dimanche 31 mars, après avoir déjeuné avec sa mère, elle lui tint compagnie toute l'après-midi.

Vers deux heures et demie, Mme Valmont reçut, avec son affabilité ordinaire, sa petite-fille, Mme Paul Védie, qui, accompagnée de deux de ses sœurs venues pour le baptême de la petite Germaine Védie, alla la voir. La bonne grand'mère, qui avait conservé son extrême politesse, put encore reconduire ces dames jusqu'au haut de son escalier, puis elle continua son entretien avec sa chère Camille. Elles dirent en commun le chapelet, les litanies de saint Joseph. On vint chercher Mme Védie pour quelques instants. Clémentine, qui arrivait des vêpres, la remplaça, et, ouvrant une Notice sur M. l'abbé Isaac, elle lut un sermon de cet ancien et vénéré curé de Caudebec, pour lequel Mme Valmont conservait un reconnaissant souvenir. C'était lui qui, pour répondre aux désirs de la fervente Augustine, était venu plus d'une fois à minuit lui apporter la sainte Communion. (Elle n'était pas alors assez malade pour communier en viatique, et était trop faible pour attendre jusqu'au matin.)

Pendant cette lecture, M. l'abbé Lenud, vicaire de la paroisse, vint visiter la vénérable octogénaire. Elle lui demanda pour se confesser, réclamant quelques minutes de recueillement, puis elle commença sa confession. A peine l'avait-elle achevée qu'elle porta vivement une main à sa tête et l'autre sur son cœur, comme pour montrer le coup qu'elle recevait. En même temps, elle glissait de son fauteuil et tombait le front contre terre. Le prêtre lui donna l'absolution sur-le-champ et appela la bonne. Ils essayèrent de soulever la malade, ce fut en vain. On dut se contenter de l'appuyer contre un siège. M. le Vicaire courut chercher les Saintes-Huiles et prévint Mmes Védie et Lallouette que Mme Valmont était bien malade Elles arrivèrent à la hâte et trouvèrent leur pauvre mère, que la première avait quittée si bien portante quelques instants auparavant : elles la trouvèrent étendue sur le plancher, les yeux fermés, n'ayant plus qu'un souffle de vie. Ce fut inutilement qu'on essaya de lui faire prendre quelque cordial (ce que Clémentine avait déjà tenté), Mme Valmont expira pendant qu'on lui administrait l'extrême-onction. Le sang avait afflué au cœur, et la mort avait été pour ainsi dire instantanée

Qui n'admirera ici les soins de la divine Providence, lui envoyant son Ministre pour l'assister dans ses derniers moments !

La nouvelle de cette mort fut transmise à tous les membres de la famille, et tous, sauf les jeunes mères que le devoir retenait près de leurs enfants, mirent le plus grand empressement à se rendre à Caudebec, où, le mardi 2 avril, eût lieu l'inhumation.

Une assistance nombreuse accompagna Mme Valmont à sa dernière demeure. Un de ses petits-fils, M. l'abbé Lepersonnier, curé de Bois-Lévêque, bénit la tombe qui allait renfermer la dépouille de cette belle âme, partie pour un monde meilleur.

De tous côtés parvinrent à la famille affligée les témoignages de la plus vive sympathie et de l'admiration qu'avait causée la vie exemplaire de celle qui laissait à sa postérité, déjà nombreuse, un souvenir que les années ne sauraient effacer.

Oh ! chère et regrettée bonne maman, que les larmes de tes enfants, leurs louanges sur ton humble et sainte vie, leurs prières surtout, te parviennent comme l'hommage de leur amour et de leur vénération !

Du haut du Ciel veille sur eux, fais que tous retracent tes vertus, afin que, réunis près du bon Dieu que tu as tant aimé sur la terre, ils puissent, comme toi-même l'a demandé un jour et tant de fois depuis, ils puissent, *après avoir servi leur divin Sauveur avec zèle, avec amour, avec la plus vive reconnaissance, le glorifier avec toi, le bénir pendant l'Éternité.*

Rouen. — Imp. E. Marguery et Cie, 1, rue Molteuse.

www.ingramcontent.com/pod-product-compliance
Ingram Content Group UK Ltd.
Pitfield, Milton Keynes, MK11 3LW, UK
UKHW022155260726
13993UKWH00005B/2380

9 782329 432700